NOTICE DES MONUMENS

EXPOSÉS DANS LE CABINET

DES MÉDAILLES ET ANTIQUES

DE LA BIBLIOTHÈQUE DU ROI;

Suivie d'une Description des Objets les plus curieux que renferme cet Établissement, de Notes historiques sur sa fondation, ses accroissemens, etc. etc.

ET D'UN CATALOGUE D'EMPREINTES DE PIERRES GRAVÉES.

Par T. M. DUMERSAN.

PARIS,

Chez M. Journé, rue Neuve des Petits-Champs, n°. 12.

De l'Imprimerie de Hocquet, Faubourg Montmartre, n. 4.

1819.

TABLE DES PLANCHES.

NOTICE

SUR

LA BIBLIOTHÈQUE DU ROI.

CABINET DES MÉDAILLES

ET ANTIQUES.

Autour de la salle sont des tableaux de *Natoire*, *Boucher* et *Vanloo*, représentant Apollon et les Muses; le Portrait de Louis XIV, d'après Rigaud, par M. *Pellier*; et celui de Sa Majesté Louis XVIII, par M. *Scheffer*.

A la porte d'entrée, à droite, une tête d'Isis en *basalte*, sur une gaîne de marbre noir, apportée en France par M. Maillet, consul de la nation française au Caire, et acquise par M. de Caylus (1), qui l'a léguée

---

(1) Caylus, *Recueil d'Antiquités*, tom. 1, pag. 7, pl. 1.

au Cabinet du Roi. Au-dessus, une tête d'Isis de terre cuite, apportée en France par M. Pignon, consul au Caire (1).

Première montre, dans l'embrâsure de la première croisée, à droite en entrant : pierres gravées nommées scarabées, à cause de la figure de l'insecte qu'elles représentent. (*Voyez* le Recueil des planches de cette notice) (2). Cet insecte était sacré chez les Ægyptiens ; il était dans leur religion l'emblème du soleil. Ces pierres portent des hiéroglyphes et des figures grossièrement tracées qui annoncent les premiers essais de l'art. Les Ægyptiens sont les peuples chez lesquels on retrouve les plus anciennes traces de la gravure (3). Les Etrusques et les Grecs chez lesquels ces scarabées sont parvenus,

---

(1) Caylus, tom. I, pag. 50, pl. XV.

(2) On vend des exemplaires de cette Notice format in-12, avec des planches qui représentent les principaux monumens du Cabinet. Prix, 2 fr. Le cahier des planches, à part, se vend 1 fr.

(3) Winckelman, *Hist. de l'Art*, tom. I, pag. 3.

ont d'abord gravé des sujets sur la face plane qui était souvent restée intacte; ensuite, ils ont fait disparaître la partie convexe du scarabée pour monter la pierre en anneau.

Première division, à droite. — Scarabées ægyptiens. — Isis allaitant Apis. Scarabée de schiste argilleux gris, fragmenté.

Les autres scarabées représentent la Perséa, la croix ansée, des tourbillons; l'œil, symbole de la Divinité; et d'autres sujets particuliers à la religion des Ægyptiens (1).

Deuxième division, au milieu de la montre. — Grands scarabées ægyptiens.

Le premier est un scarabée de serpentine très-curieux, sa tête est celle d'une Isis voilée(2) .(*Voyez* pl. I, n°. 1 du Recueil).

Troisième division, à gauche. — Scarabées étrusques et grecs. Le 1er. Hercule

(1) On peut trouver une notice complette des pierres gravées ægyptiennes du Cabinet, par M. Millin, dans le *Magasin encyclopédique*, an IV, tom. V, pag. 60.

(2) Caylus, tom. V, pag. 21, pl. VIII.

tuant l'Hydre de Lerne, pierre fragmentée (1).

Le 2e. Hercule emportant le trépied d'Apollon. Ce mythe est raconté par Apollodore et Pausanias. Le Héros étant allé consulter l'oracle du Dieu au temple de Delphes, au sujet du meurtre d'Iphitus, la Sibylle ne lui rendit pas une réponse favorable. Il enleva le trépied du temple, malgré les prêtres qui s'y opposaient; mais il fut si touché des reproches de la Sibylle, qu'il lui remit le trépied entre les mains. Les artistes ont cru qu'il était plus poétique de représenter Apollon lui-même reprenant le trépied à Hercule (2).

A la dernière rangée, sept cylindres persépolitains, portant des figures et des caractères gravés (3).

Sous la *montre* de la première croisée, au

---

(1) Mariette, pierres gravées du Roi, tom. II, pl. CXXXII.

(2) Caylus, tom. IV, pag. 103, pl. XXXIV.

(3) *Ibid.* tom. I, pag. 54, pl. XVIII.

milieu, un bas-relief en marbre, représentant un sacrifice, trouvé à Lyon, à la montagne de Fourvières : il a appartenu au maréchal d'Estrées (1).

A droite, un bas-relief en pierre, représentant l'Anubis romain, portant une palme et un caducée. Dans le champ une inscription latine (2).

Les Romains, ainsi que les Grecs, avaient accueilli la plupart des divinités étrangères. Le culte d'Anubis fut mêlé chez les Romains à celui de Mercure.

A gauche, un bas-relief, représentant Bacchus, Ariane et un satyre; auprès d'eux, un masque scénique. Ce fragment, d'une frise de marbre d'un joli travail, a été trouvé, en 1751, à trois toises de profondeur, en

---

(1) Montfaucon, *Antiq. expliq. Suppl.* tom. II, pag. 75, pl. XXII.

(2) Les inscriptions n'intéressant qu'un certain nombre de personnes, et surtout les érudits, nous nous proposons de les publier dans un Recueil particulier. Nous nous bornerons donc, dans cette notice, à en faire mention.

bâtissant les écuries d'une maison, rue Vivienne (1). (*Voyez* pl. I, n°. 2 du Recuei de cette notice).

Premier médailler. Il est surmonté de vases grecs. On en a figuré un, pl. x, n°. 2.

Ces *vases* ont été long-tems appelés *étrusques*, parce que ceux qui en ont les premiers donné des descriptions, les avaient regardés comme des monumens uniquement fabriqués dans l'Etrurie (la Toscane). Depuis, on a trouvé une grande quantité de ces vases dans la grande Grèce et dans les tombeaux d'Athènes. On peut donc les appeler plus généralement *vases grecs*, quoiqu'il y en ait quelques-uns d'étrusques (2).

Les médaillers ou armoires fermées, contiennent des médailles et des monnaies antiques et modernes, classées par ordre géographique et chronologique. Cette collec-

---

(1) Caylus, tom. II, pag. 384, pl. CXIV.

(2) On ne trouve point, sur les vases peints, d'inscriptions en caractères étrusques. (*Voyez* LANZI, *sopra i vasi dipinti*; 48.)

tion d'environ quatre-vingt mille pièces en or, en argent et en bronze, est la plus complète qui existe en Europe (1). Il y a des médailles de diverses suites exposées sur le grand bureau.

Sous la console ; au milieu, un tombeau de marbre. Son inscription nous apprend qu'il a été destiné, par C. Rullius Félix, à renfermer ses cendres, celles de sa femme et de ses enfans.

---

(1) M. Mionnet, premier employé au Cabinet des Médailles, a fait faire des empreintes en soufre des pièces les plus intéressantes de cette belle collection. On peut s'en procurer un choix, selon le genre de ses études, ou la collection complette, qui est de vingt mille numéros. Cette collection a pour catalogue l'Ouvrage classique de M. Mionnet, intitulé : *Description de médailles antiques, grecques et romaines, avec leur degré de rareté et leur estimation ;* 6 vol. *in*-8°. et 1 vol. de planches. (Chez l'Auteur, *rue Neuve-des-Petits-Champs*, n°. 12.)

Cet Ouvrage intéressant et indispensable à tous les amateurs de la numismatique, est le répertoire le plus complet des Médailles connues jusqu'à présent. L'Auteur s'occupe du Supplément, dont le premier volume vient de paraître.

A droite, un petit tombeau en marbre, fragmenté et restauré : on lit sur la face du milieu, entre deux pilastres, une inscription grecque incomplette. Sur le côté gauche, est un homme barbu et vêtu, couché sur un lit, et tenant un vase; près de lui une table servie. Sur le côté droit, un jeune homme nud, aussi sur un lit, la main sur sa tête, dans l'attitude du repos. Sur la quatrième face, un enfant à genoux sur un lit, tenant une coupe, a l'air de servir le vieillard qui est sur le lit vis-à-vis de lui : le travail est médiocre.

Un petit autel triangulaire en marbre, ou plutôt la base d'un candelabre, représentant sur chacune de ses faces, une figure de femme, dont l'une porte un thyrse, l'autre un tambour ou *tympanum*, et la troisième, un vase de la forme du *canthare*. Ces trois femmes sont vêtues à la grecque, et marchent posément. Ce monument représente une procession dionysiaque : il était sans doute destiné à un temple de Bacchus. A gauche, une urne de marbre, ornée de feuillages (1). Une statue de Pallas en marbre.

Deuxième montre. — Première division, à droite. Plusieurs camées représentant des sujets de dévotion et autres, gravés dans le quinzième siècle.

Deuxième division, à gauche. Camées représentant des têtes ainsi rangées de gauche à droite (2).

Première rangée. Deux portraits de Charles II, Roi d'Angleterre ; un de Cromwel en jaspe sanguin; trois de Marie Stuart ; Henri IV en Hercule ; trois portraits d'Elisabeth, reine d'Angleterre ; le pape Paul III ; Louis Sforce Anne, princesse de Nassau.

Deuxième rangée. Cinq Henri IV ; l'un avec Marie de Médicis; un portrait de Marie de Médicis ; Louis XII ; Anne d'Autriche ;

---

(1) Caylus, tom. I, pl. XXVIII, pag. 266.

(2) On peut avoir des empreintes de ces pierres. (*Voyez* le catalogue à la fin de cette notice.)

Louis XIII, enfant, gravé sur une opale; trois portraits du même, plus âgé; Christine, reine de Suède.

Troisième rangée. Henri IV; deux Louis XIV; Richelieu; Louis XV. Au milieu, François I; Henri IV (1); Mazarin; Louis XV; Louis XIV; Anne d'Autriche.

Quatrième rangée. Tête inconnue; le grand Dauphin et la Dauphine; Charles-Quint; Louis XV, sur un grenat; la paix de 1756. Les bracelets de *Diane de Poitiers;* représentant des attributs de chasse, gravés très-délicatement sur coquilles. Au milieu, son portrait en buste, orné de diamans, et placé sur une boîte de sardonyx. Au-dessus, le portrait de Mme. de Pompadour sur un cachet. Au-dessous, quinze pierres gravées par *Gai.*

En continuant la quatrième rangée : la naissance du Dauphin en 1751; la statue de Louis XV: Philippe II, Roi d'Espagne; Anne

---

(1) Le portrait de Louis XV et celui de Henri IV, qui font pendants, étaient sur les bracelets de madame de Pompadour.

d'Autriche; Laure et Pétrarque. A gauche, quatre pierres gravées par M. *Jeuffroi*, membre de l'Institut.

Sous la montre : une pierre tumulaire élevée à *Maximus*, par *Calvonius Bellius*, et par *Lutea* sa mère, trouvée à Lyon, et donnée au Cabinet de Ste.-Geneviève, par M. Lainé, en 1640.

A droite et à gauche, deux têtes de Bacchus indien.

A droite, le tombeau de *Marcus Ulpius Euphrosynus;* une pierre tumulaire avec des figures et une inscription grecque.

A gauche, un tombeau élevé *par Nicias* à *Tibère Claude*; une inscription latine en l'honneur de l'empereur *Claudius Albinus*, par les habitans de Lyon (1). Les petites lettres ont été intercallées entre les lignes par une main moderne.

Deuxième médailler. Il est surmonté de vases grecs.

---

(1) Histoire de l'Académie des Belles-Lettres, tom. I, pag. 212.

Sous la console : une lampe de marbre portant six masques (1). A droite, un buste de Neptune ; une statue de jeune homme. A gauche, un buste de Sérapis et une statue de Jupiter.

Troisième montre : embrâsure de la troisième fenêtre à droite. *Première division à droite.* Camées représentant des Empereurs romains. Il faut suivre les rangées et compter les pierres de gauche à droite.

Première rangée, 1re. *pierre :* Auguste ; 2e, Trajan ; 3e, Antinoüs ; 4e, Manlia Scantilla ; 5e, Trajan. Au-dessus de ce camée, trois têtes inconnues ; 6e, Didius Julianus ; 7e, Sabine ; 8e, Faustine mère ; 9e, tête inconnue.

Seconde rangée, 1re. *pierre :* La vestale Neria ; (2) 2e, Domitien ; 3e, Elagabale ; 4e, Hadrien ; 5e, tête inconnue ; 6e, Constantin ; 7e, Jules-Cæsar ; 8e, Commode.

---

(1) Caylus, tom. VII, p. 151, pl. XXV.

(2) Montfaucon, Antiq. expl. tom. I, pag. 64, pl. XXVII.

Troisième rangée, 1re. *pierre* : Hadrien; 2e, Claude; 3e et 4e, têtes inconnues; 5e, Antinoüs en Mercure; 6e, Antinoüs en Harpocrate; 7e, Faustine jeune; 8e, Hadrien de face; 9e, Drusus jeune.

Quatrième et dernière rangée. 1re. *pierre*: têtes inconnues; 2e, Trajan et Plotine; 3e, Faustine jeune; 4e, Septime Sévère et sa famille; 5e, Geta; 6e, Constantin à cheval terrassant ses ennemis; 7e, Commode et Crispine.

Deuxième division, à gauche. — *Première rangée*, 1re. *pierre* : Vespasien; 2e, Tibère; 3e, Julie en Cérès, fragment d'un beau travail; 4e, Marc-Aurèle; 5e, Tibère; 6e; Faustine; 7e, tête inconnue; 8e, tête inconnue; 9e, Vitellius.

Deuxième rangée, 1re. *pierre* : Agrippine; 2e, Auguste, avec une monture très-ancienne (1); 3e. Caracalla, travail moderne; 4e. L'APOTHÉOSE DE GERMANICUS. Ce morceau, précieux par la grandeur de la pierre

(1) Cette pierre était attachée au buste de St.-Hilaire, dans le trésor de St.-Denis; V. D. Félibien, p. 538

et la beauté du travail, a été pendant près de sept cents ans chez les Bénédictins de Saint-Evre de Toul; et, suivant la tradition de cette abbaye, le cardinal Humbert, religieux du même ordre, l'avait apporté de Constantinople, où il alla sous le pontificat de Léon IX. Ce camée passait pour représenter St.-Jean l'Evangéliste enlevé par un aigle et couronné par un ange. Lorsqu'on eût découvert que c'était un sujet profane, les religieux l'offrirent au Roi, en 1684. Il a été gravé et expliqué dans les Mémoires de l'Académie des Belles-Lettres, tom. I, p. 276. Depuis ce tems on a pensé que le personnage représenté sur cette pierre était Germanicus; cependant ce prince n'a jamais eu les honneurs de l'apothéose; mais il peut avoir été figuré ainsi allégoriquement, au tems de Caligula, son fils, à qui nous devons presque toutes les médailles des personnages illustres de sa famille.

La pierrre suivante, 5e. *de la rangée*, Hadrien, travail moderne; 6e, Claude; 7e, Faustine en Cérès.

Troisième rangée, 1re. *pierre* : Néron; 2e, tête inconnue; 3e, Claude; 4e, Galba; 5e, une grande tête de Claude, mauvais travail; 6e, tête inconnue; 7e, Drusus; 8e, tête inconnue; 9e, Caligula; au-dessous ses trois sœurs, Agrippine, Drusille et Julie.

Quatrième rangée. 1re. *pierre* : tête inconnue; 2e, Marcellus; 3e, tête moderne; 4e, les enfans d'Agrippine; 5e, Domitien; 6e, Commode en Hercule, travail moderne; 7e, tête inconnue; 8e. et dernière, pâte de verre représentant Auguste et Livie.

Sous la montre, au milieu, un marbre tumulaire élevé par *Arrius Dorphorus* et *Aurélius Deltario* à Aurélius *Acaclutus*, chevalier romain; à droite, un buste de Bacchus jeune, trouvé à Nismes. Caylus (1) l'avait regardé comme celui d'une prêtresse de Flore, et avait pris les plis du col pour un collier : il s'étonne de la trouver coiffée d'une bandelette, qui est *le credemnon* : coiffure ordinaire de Bacchus.

---

(1) Rec. d'Antiq., tom. III, pag. 335, pl. XCI.

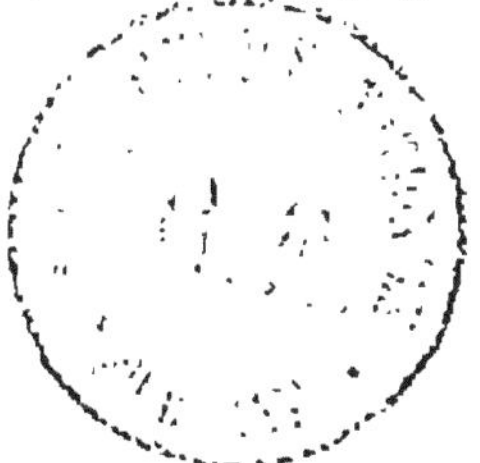

Un tombeau élevé à *Margaris*, par *Servius Mallius Herma*. — Une pierre tumulaire en l'honneur de *Sérapion*, avec une inscription grecque et quatre figures en bas-relief.

A gauche, une tête de Bacchus indien, un tombeau élevé par *Sabidia Felicitas* à sa mère (1).

Un bas-relief avec des attributs militaires; c'est le fragment d'un tombeau. On y voit toutes les armes de la cavalerie et de l'infanterie romaine (2).

Troisième médailler : il est surmonté de vases grecs.

Sous la console : trois têtes; au milieu, celle d'Hercule d'un très-beau style. Les yeux qui manquent, étaient sans doute de métal, comme cela se voit à plusieurs statues antiques.

---

(1) Millin, Monum. inéd., tom. I, p. 377, pl. XXXVII.

(2) Caylus, tom. III, p. 236, pl. LXII.

A droite, une tête de femme, en marbre, et un groupe en marbre représentant Cybèle et Atys, dont les têtes sont restaurées. A gauche, une tête de Pâris, coiffée du bonnet phrygien, et une pierre tumulaire en l'honneur d'Isidore de Milet, fils de Nicolas (1). Il est représenté enveloppé d'un manteau à la manière des philosophes. Près de lui est un terme surmonté d'une tête de Mercure (2). Dans le fronton de ce petit tombeau est un vase à deux anses qui représente un lacrymatoire, ou une urne cinéraire.

Quatrième montre renfermant des camées. Les plus remarquables sont : au milieu de la première division à droite, Agrippine, femme de Germanicus, et ses deux enfans dans des cornes d'abondance, allégorie du

(1) Caylus, tom. VI, p. 205, pl. LXV.

(2) Mercure était chargé du soin de conduire les âmes dans les enfers. Il est souvent représenté sur les monumens funéraires.

bonheur qu'ils promettaient aux Romains.

Deuxième division : au milieu, Cérès et Triptolême sous les traits de Germanicus et d'Agrippine (1) dans un char traîné par deux dragons ; *grand camée de sardonyx à trois couches.* Autour, les douze Césars gravés sur coquilles. C'étaient les boutons du pourpoint de Henri IV. A droite, un Griffon mordu par un serpent, *camée gravé par* MIDIUS (2). Au-dessous, vers le milieu, un fragment antique de pâte de verre très-curieux, représentant Persée tenant la tête de Méduse, et prêt à délivrer Andromède. (*Voy.* la pl. II, n°. 1 de cette notice).

Troisième division : la pierre du milieu représente Claude. A droite et à gauche deux perles géantes ayant des figures bizarres.

Sous la montre : trois inscriptions grecques, deux en marbre, une sur porphyre ;

---

(1) Mémoires de l'Acad. des Bel.-Lett., tom. I, pag. 144.

(2) Caylus, tom. 1, pag. 144, pl. LIII.

au milieu, un groupe de trois chevaux marins en bronze (1).

Sur la porte d'un cabinet : l'Armure de François I; savoir : son casque et son bouclier d'acier damasquiné en or. A gauche, sous le bouclier, son épée et deux masses d'armes. A droite, l'épée de ville de Henri IV, ornée de camées; son épée de chasse portant un pistolet. Au-dessous, une inscription grecque rapportant les noms des vainqueurs aux jeux hadrianiens dans la ville de Cyzique. Ce marbre a été trouvé dans les ruines de Cyzique en Mysie, acheté par M. Peyssonnel, consul de la nation française à Smyrne, et envoyé à Paris en 1749 : M. l'abbé Belley en a donné l'explication (2).

Au-dessous, le *fauteuil de Dagobert* (3), que l'on conservait autrefois au trésor de

(1) Caylus, tom. III, pag. 235, pl. LXI.

(2) Caylus, tom. II, pag. 204, pl. LX.

(3) Montfaucon, Monumens de la Monarchie française, tom. I, pag. 37, pl. III.

Saint-Denis. La tradition prétendait que ce fauteuil avait été fabriqué par Saint-Eloi. Il est visible que les quatre pieds sont d'un travail plus ancien et beaucoup meilleur que la partie supérieure. Ce siége ressemble assez à la chaise curule (1) des Romains. Il a été doré; ce qui a fait dire qu'il était d'or. Il a été transporté à Boulogne, en 1804, pour la distribution des croix de la légion d'honneur. (*Voyez* pl. II, n°. 2 du Recueil).

Sur le grand médailler entre les deux portes, au milieu: une tête de bronze, couronnée de tours, représentant Cybèle, ou la ville de Paris personnifiée (2). Cette tête, d'un très-beau travail, a été trouvée, vers 1675, auprès de Saint-Eustache, dans les fondemens d'une tour qui dépendait d'une ancienne enceinte de la ville de Paris. Elle fut achetée d'abord par Girardon, célèbre

(1) Sella curulis.

(2) Caylus, tom. II, pag. 378, pl. CXIII. Montfaucon, Antiq. Expl. tom. I, pag. 6, pl. 1.

sculpteur. A sa mort, M. de Crozat en fit l'acquisition; elle appartint ensuite à M. le duc de Valentinois, qui la donna au Roi par son testament. (*Voyez* pl. III, n°. 1 du Recueil de cette notice.)

A droite, une figure de faune en bronze; un beau vase grec représentant un combat entre les Arimaspes et les Griffons (1); une figure de fleuve en bronze; une tête romaine en bronze, attribuée à Jules Cæsar.

A gauche, un Silène en bronze; un beau vase grec, représentant un combat entre les Amazones et les Grecs (2); un Jupiter en bronze. Une tête en bronze attribuée à *Cœlius Caldus*, qui fut consul l'an 660 de Rome, 94 avant J.-C. Elle fut trouvée dans des fouilles que l'on faisait à Montmartre, en janvier 1737, et achetée 12 francs d'un ouvrier par M. Genevrier, médecin (3).

---

(1) Millin, Monum. inéd. tom. II. p. 129, pl. XVI

(2) Millin, *ibid.* p. 69, pl. IX.

(3) Caylus, tom. III, pag. 394, pl. CVIII.

Sous la console: au milieu, un *gnomon* ou cadran solaire en marbre, trouvé dans l'île de Délos, auprès du temple d'Apollon, donné au Cabinet en 1814, par M. ***.

A droite, un bas-relief en marbre, à quatre faces, découvert près de Maisons, à quelques lieues de Paris, sur les bords de la Seine, vers 1750. Sur chacune de ses faces, on voit une figure. Celle d'une femme qui tient un aviron, pourrait être celle de la Seine. A ses pieds coulent des flots qui entourent la base du monument. A sa gauche, un homme tient des épis, symbole de la fécondité du territoire. La femme qui suit, et qui porte un serpent, peut être Hygiée, déesse de la Santé. Le vieillard, qui a les bras croisés, et qui occupe la quatrième face, est peut-être celui qui a fait exécuter ce monument, que Caylus croit avoir été élevé par les *Nautæ-Parisiaci* (1):

Un bas-relief en marbre, représentant un génie dans un char traîné par des lions

(1) Caylus, tom. II, pag. 391, pl. CXVII.

Un buste inconnu en bronze.

Une mosaïque en relief, représentant l'Espérance (1). (*Voyez* pl. IV, n°. 2, du recueil de cette Notice.)

A gauche du cadran, une urne d'albâtre; plus loin, un bas-relief représentant les Muses et les Syrènes. Les Syrènes avaient été changées en oiseaux par Cérès. Elles défièrent les Muses dans un combat de musique; celles-ci les vainquirent, leur arrachèrent les aîles, et de leurs plumes se firent des aigrettes. Ce bas-relief est le fragment d'une frise dont le travail n'annonce pas les

---

(1) Cette mosaïque est une copie d'une des figures placées sur la base triangulaire d'un beau candelabre en marbre du palais Barberini, publié par Winkelmann, Monum. Inéd., ch. XII, n° 30, et Mus. Pio. clém. tom. IV, pl. VIII.

Caylus (tom. VI, p. 274, pl. LXXXVI) n'a pas su quelle divinité elle représentait, et Winkelmann en a fait à tort une Vénus. On peut voir sur les médailles romaines, avec le mot SPES, l'Espérance tenant d'une main une fleur, et de l'autre le pan de sa robe.

beaux tems de l'art (1). (Il est gravé pl. III, n°. 2 du Recueil.)

Une tête de romain, en marbre, beau fragment. Une mosaïque en relief, représentant le sacrifice d'un bélier à Mercure (2).

Devant la porte d'un cabinet, une pierre tumulaire avec un bas-relief et une inscription grecque, qui nous apprend que ce monument a été élevé par le peuple, à *Ménandre*, fils d'Andronicus (3).

Un cercueil de Momie en bois de sycomore peint, recouvert de figures ægyptiennes et d'hiéroglyphes. Au-dessus le buste de J.-J. BARTHÉLEMY, auteur du *Voyage du jeune Anacharsis en Grèce*, et ancien garde du Cabinet des Médailles, exécuté par M. HOUDON.

Derrière la porte, un petit trépied de bronze (4).

---

(1) Millin, Galerie Mythol., tom. I, p. 15, pl. XIX, n° 63.

(2) Mus. Pio. clém. tom. IV, pl. IV.

(3) Caylus, tom. II, p. 236, pl. LXXIII.

(4) Cabinet de Ste.-Geneviève, p. 16, pl. X, n° 1.

Cinquième montre : pierres gravées représentant divers sujets.

Division du milieu, 3e. *rangée*, 5e. *pierre* : Pâris et Hélène, auprès d'eux une Amazone ; 4e., la naissance d'Iacchus.

Sous la montre : une inscription grecque et une arabe ; un petit autel de marbre.

Cinquième médailler : il est surmonté de vases grecs.

Sous la console : au milieu, une tête de Bacchus indien (1). A droite, une tête d'enfant ; une frise de pierre trouvée à Reims en 1740, et représentant, dans des arabesques, des jeux de génies bacchiques (2). Un bas-relief cylindrique, portant des figures de divinités, parmi lesquelles on reconnaît Isis et Anubis ; les trois autres sont des divinités grecques ou romaines.

A gauche, une tête de jeune femme en

(1) Montfaucon, tom. III, p. 78, pl. XLIII, l'avait donnée pour la tête d'un Roi Parthe.

(2) Caylus tom. III, pl. CXIX, pag. 432.

marbre ; une inscription phénicienne, publiée par l'abbé Barthélemy, dans les Mémoires de l'Académie des Inscriptions et Belles-Lettres. Une femme à mi-corps, sortant d'une corbeille.

Sixième montre. Première division à droite. 1re. *pierre :* Lysimaque ou Alexandre ; 2e, Vénus et Adonis ; 3e, Hercule ; 4e, concert d'un Centaure et de deux Génies ; 5e et 6e, Pallas ; 7e, Janus.

Deuxième rangée. 1re. *pierre :* un taureau ; 2e, Jupiter Roi ; 3e, noces de Bacchus et d'Ariane ; 4e, tête de Pallas, au revers de laquelle est gravé Henri IV en pied ; 5e, les chevaux de Pelops, vainqueurs à la course (1) ; 5e, Neptune et Minerve disputant à qui donnera son nom à la ville de Cecrops ; Minerve fait naître l'olivier (2) ; 7e, Vénus sur un taureau marin environnée d'A-

---

(1) Millin, Monum. inéd., tom. I, p. 1, pl. 1.

(2) Mém. de l'Acad. des Bell.-Lett., tom. I.

mours : le mot ΓΛΥΚΩΝ gravé dans le champ nous apprend que c'est l'ouvrage du graveur *Glycon* (1).

Troisième rangée. 1re. *pierre :* Cérès ; 2e. ; tête inconnue ; 3e, Bacchus ; 4e, un aigle ; 5e, Miltiade ; 6, Minerve ; 7e, Diane ; 8e, Médée tuant ses enfans près d'une colonne, 9e, Diane ; 10e, Méduse.

Quatrième rangée. 1re. *pierre :* bataille gravée sur une coquille ; ouvrage du 15e. siècle ; 2e, Diane ; 3e, Pallas ; 4e, tête d'Alexandre, agathe orientale, gravée au 15e. siècle ; 5e, Vénus au bain ; 6e, Ulysse, gravé en relief sur une grande cornaline (2) ; 7e, bataille gravée sur coquille (3).

Cinquième rangée. 1re. *pierre :* l'Abondance ; 2e, triomphe de Bacchus ; 3e, masque

---

(1) Millin, Galerie mythol., tom., I, p. 273, pl. XLII, n° 177.

(2) Millin, Monum. inéd. tom. I, pag. 201, pl. XXII.

(3) Les anciens n'employaient pas cette matière.

de Silène; 4, l'Amour; 5e, la Victoire; 6e, Lysimaque, ou Alexandre, pierre fragmentée.

Sixième rangée. 1re. *pierre :* Vénus; 2e, Silène; 3e, l'Aurore; 4e, Vénus hermaphrodite; 5e, Vénus marine; 6e, Vénus, les Amours et Silène; 7e, Horatius Coclès; 8e, les trois Grâces; 9e, Méduse; 10e, Omphale; 11e, Génies bacchiques; 12e, Méduse; 13e, Bellone.

Deuxième division. Pierres gravées en creux ou intailles. — Premiere rangée, 6e *pierre*, Némésis; 8e, l'Olympe, grande cornaline; 10e, une topaze très-grande représentant Bacchus indien.

Au milieu de la montre : une aigue marine qui surmontait l'oratoire de Charlemagne, que l'on voyait au trésor de St.-Denis. Elle représente Julie, fille de Titus, gravée par *Evodus* (1). Au-dessous, un beau taureau dionysiaque sur une calcédoine, ouvrage du graveur *Hyllus.*

---

(1) Hist. de St.-Denis, par D. Felibien, p. 542, pl. IV.

Sous la montre : Trois tombeaux. Celui du milieu représente, sur la face principale, uncombat de cavalerie ; sur les deux autres, des captifs et des trophées. A droite, une tête en marbre de Bacchus indien ; le tombeau de *Titus Julius Photus;* une pierre tumulaire élevée par *Thrason*, fils de Diogène, en mémoire de ses deux enfans qui périrent dans un tremblement de terre. Ce monument a été envoyé de Smyrne, par M. Peyssonnel, consul de France (1). A gauche, tête en marbre d'un Faune. Tombeau de L. Visellius (2), trouvé dans un vaisseau espagnol qui avait échoué sur les côtes de Provence, vers 1680. Pierre tumulaire, représentant une jeune femme : l'inscription grecque la fait connaître pour *Cornélie, fille de Lucius Brésalis* (3).

---

(1) Caylus, tom. II, p. 268, pl. LXXVI.

(2) Cabinet de Ste.-Geneviève, p. 35, pl. XII ; Montfaucon, tom. V, p. 78, pl. LIV.

(3) Caylus, Rec. d'Antiq., tom. VI, p. 205, pl. LXV.

Les deux mains élevées qui sont sculptées sur ce monument, sont une espèce d'imprécation contre les Parques, et annoncent que Cornélie est morte jeune (1). (*Voyez* pl. v, n°. 1, du Recueil de cette notice.)

Sixième Médailler : il est surmonté, comme les autres, de vases grecs.

Sous la console : une roue de bronze antique. A droite, un buste de Dame romaine et un bas-relief de terre-cuite représentant Ulysse reconnu par Euryclée (2) ; une Diane d'Ephèse. A gauche, un buste de jeune homme ; un bas-relief de terre-cuite, représentant une Victoire égorgeant un taureau (3) ; une statue de Minerve en marbre.

Septième montre. Première division, à droite : Pierres gravées en creux, montées à jour, d'une manière uniforme (4). Les trois

---

(1) Paciaudi, Anaglyph. interpr. Rom. 1752.

(2) Winkelm., Monum. inéd., n° 161 ; Millin, Monum. inéd., tom. II, p. 310, pl. XL.

(3) Monfaucon, tom. I, partie 2, p. 384, pl. CCXIX.

(4) Comme ces pierres sont fort petites, et qu'il

premières pierres sont des têtes de Méduse. La quatrième, une tête d'Hercule jeune. Onze autres têtes d'Hercule. Six têtes d'Omphale. Huit sujets tirés des travaux d'Hercule.

Deuxième rangée. Sujets de l'Histoire héroïque. 4e. pierre, Tydée expirant; 9e., Diomède enlevant le Palladium; 13e., une améthyste gravée par *Pamphyle*, représentant Achille jouant de la lyre.

Troisième rangée. 1re. *pierre:* Lycurgue, six têtes de Socrate; 8e, Caton le Censeur; 13e, Triomphe de Pompée; 14e. et 15e.; Cæsar; 16e., Auguste: 20e. Néron jouant de la lyre. Les 11 autres, des têtes d'Empereurs romains.

Les autres *rangées* contiennent des pierres représentant des sacrifices, des têtes inconnues, des masques et des animaux.

---

est difficile de les bien voir, on peut s'en procurer les *empreintes*, *avec un Catalogue explicatif*, en s'adressant aux Employés du Cabinet. (Voyez, à la fin de cette notice, le catalogue des empreintes.)

Deuxième division , à gauche. Pierres représentant des sujets mythologiques.

Première rangée. 1re. *pierre* : Isis ; 2e, 3e, 4e, sujets ægyptiens ; 5e, Jupiter. Les 13 autres, Jupiter ; 19e, Ganymède. Les 6 dernières, Pallas.

Deuxième rangée. Les cinq premières, suite de Pallas ; douze Apollon ; une lyre ; quatre Pégase ; deux Hygiée ; deux Diane d'Ephèse.

Troisième rangée. Diane, Mercure, Mars, la Victoire.

Quatrième rangée. La Victoire ; plusieurs pierres représentant Vénus.

Cinquième rangée. Les Amours. La 15e pierre est une aigue marine, représentant Thétis portant un bouclier à Achille. La 16e est le cachet de Michel-Ange, qui représente des vendanges : il porte dix-huit figures gravées avec la plus grande finesse. Cette pierre célèbre a été le sujet de plusieurs dissertations (1). Les uns l'ont attribuée au graveur *Allion*; d'autres ont contesté son antiquité. M. *de Murr* pense qu'elle est l'ouvrage de *Maria di Pescia*, célèbre graveur et ami de Michel-Ange, qui s'est désigné lui-même par le petit Pêcheur que l'on voit à l'exergue. Louis XIV a porté cette pierre en bague.

Les pierres suivantes sont des Bacchus, des Pan, des Faunes.

Sixième rangée 9e *pierre* : Joueur de cerceau, gravé, dit-on, par *Pickler* (2); 10e et suivantes, l'Abondance; 18e, le Dieu Mois; 20e, une Parque; trois inscriptions grecques, une arabe.

Septième et dernière rangée. Pierres peu importantes.

Sous la montre, au milieu : un tombeau romain élevé par *S. Afranius*, à son fils. Il

---

(1) Voyez les Mémoires de l'Acad. des Inscript. et Bell.-Lett., tom. I, p. 271.

(2) Voyez Raspe, catalogue de Tassie, pl. XLVII, n°. 7981.

est orné de deux pilastres couverts d'arabesques, et surmontés de chapitaux corinthiens. La frise est ornée de deux têtes de bélier et d'une tête de Méduse. Ce tombeau a appartenu au cardinal de Richelieu, ensuite à M. Derbais, et il a passé dans le cabinet de Ste.-Geneviève, d'où il est venu dans celui du Roi.

A droite, un buste de bacchante; un tombeau élevé à *L. Calventius Asclepiacus*, par Calventia Félicitas, son affranchie.

Une pierre tumulaire sur laquelle on voit en bas-relief un homme sur son lit; il est couronné par un jeune homme, et couronne sa femme assise près de lui; à leurs pieds un enfant. L'inscription nous apprend que ces personnages sont *Ménius*, fils d'*Hermaeus*, sa femme *Nicopolis*, et leur fils *Demetrius* (1).

A gauche, une tête de vieux faune d'un très-beau caractère. Un tombeau de marbre

---

(1) Caylus, tom. II, pag. 265 pl. LXXXIV.

qui renfermait les cendres de *Vibia*, de *Suestillius* son mari, et de leurs enfans.

Une inscription romaine.

Septième médailler : vases grecs.

Sous la console : une urne sépulcrale. A droite, une tête de femme. A gauche, une tête casquée; deux bas-reliefs représentant de petits Génies jouant avec des chars. Ces bas-reliefs ont été trouvés à Montmartre, vers 1756, en fouillant un puits au bas de la montagne (1).

Huitième montre : pierres gravées. Au milieu un buste d'Auguste en agathe, provenant du trésor de St.-Denis (2). A droite, Vénus tenant un miroir. A gauche, Mars terrassant un Géant anguipède. *Au dessous* : Euripide et la Muse de la Tragédie (3); trois sardonyx non gravées.

Division à droite. Deuxième rangée. 7e. *pierre* : Néron dans un char (4).

---

(1) Caylus, tom. III, p. 396, pl. CIX.

(2) D. Felibien, p. 543 pl. IV.

(3) Visconti, Iconogr. Tom. IV., p. 84, pl. IV.

(4) Caylus, tom. I, pag. 214., pl. LXXXVI.

Troisieme rangée. 1re. *pierre* : Philippe II et Dom Carlos, gravés sur une topaze, par Jac. de Trezzo, Milanais.

Sous la montre : un pouce colossal. S'il a appartenu à une statue, elle devait avoir environ 80 pieds de haut. Il a été trouvé à Vincennes, dans une cave, en 1764. L'Histoire ne fait pas mention qu'il y ait eu de colosse dans ce lieu : c'était sans doute un *ex-voto* (1). A droite, une pierre tumulaire avec l'épitaphe, en grec, de *Dionysius*, marinier, habitant du territoire d'Apri, en Thrace (2).

A gauche, un bas-relief représentant Silène sur un mulet ; un bacchant conduisant un bélier, et une bacchante jouant du *tympanum*.

Une inscription grecque faite par les Mégaréens en l'honneur d'*Orippe*, qui, le premier des Grecs, parut sans vêtemens aux

(1) Caylus, tom. VII, pag. 319, pl. XCII.

(2) *Id.*, tom. II, pag. 366, pl. LXXV.

jeux olympiques, et y gagna ainsi le prix de la course. Cette inscription a été donnée au Cabinet, par M. Calvet, médecin à Avignon.

Dans l'armoire vitrée : au milieu, le plus grand camée connu (1). Ce superbe camée de sardonyx passait, à la Sainte-Chapelle, pour le triomphe de *Joseph*. Il y avait été placé par Charles V, ce qui l'a soustrait au pillage du trésor des Rois, sous Charles VI. Il a été apporté en France par Baudouin II, qui, pour recouvrer l'empire de Constantinople, vint, l'an 1244, demander du secours à Saint-Louis.

L'artiste a figuré, dans le plan supérieur, l'*Apothéose d'Auguste*. Ce prince est porté dans le ciel par *Pégase*. *Ænée*, reconnaissable à son costume phrygien, présente à *Auguste* un globe, symbole de l'empire du monde, tandis qu'*Ascagne* ou *Iules* son fils,

---

(1) On peut se procurer l'empreinte de ce beau camée (*Voyez* à la fin le Catalogue des empreintes de pierres gravées.)

conduit Pégase par la bride, et mène *Auguste* vers *Romulus*, dont la tête porte un voile et une couronne radiée. Plus loin est *Jules Cæsar*, tenant un bouclier. Dans la ligne du milieu, *Tibère* est assis sur son trône, ayant près de lui *Agrippine* son épouse. Devant l'empereur est *Germanicus*, qui lui rend compte de son expédition en Germanie. On voit près de lui sa mère *Antonia*, son épouse *Agrippine* et leur fils *Caligula*. Derrière le trône sont placés *Drusus*, fils de *Germanicus*, et son épouse *Livilla*. Au rang inférieur, on voit les captifs des nations vaincues par *Germanicus* (1). La monture gothique de cette pierre, faite en forme de reliquaire, a été détruite à l'époque où ce monument fut volé au Cabinet (2). Celle qui existe maintenant a

(1) Voyez l'*Histoire de la Sainte-Chapelle*, par Morand; et Montfaucon, *Antiq. expliq.* tom. V, pag. 158, pl. CXXVII.

(2) Dans la nuit du 26 au 27 pluviose an 12 (16 février 1804). Les détails de ce vol ont été donnés dans les journaux du temps.

été exécutée, en 1807, par MM. *Delafontaine* père et fils.

A droite, un superbe vase de sardonyx, nommé par les uns la *coupe des Ptolémées*, par les autres *vase de Mithridate*. Il représente les objets consacrés aux mystères de Cérès et de Bacchus. Il avait été donné à l'abbaye de St.-Denis par Charles III (1). Les reines y buvaient le vin consacré, le jour de leur sacre.

Derrière ce vase, est un plateau d'argent, improprement nommé *bouclier de Scipion*. C'est un disque d'argent qui a été trouvé dans le Rhône, auprès d'Avignon, par des pêcheurs, en 1656. Il représente *Briséis* rendue à *Achille* (2). (*Voyez* le Recueil, pl. VI, n°. 2.)

---

(1) D. Felib., hist. de St.-Denis, p. 545, pl. IV., et Montfaucon, Antiq. expliq., tom. I. Il y est figuré de grandeur naturelle, avec son ancienne monture, qui a disparu à la même époque que celle du camée de la Sainte-Chapelle. La figure réduite de ce vase se trouve dans le Recueil de planches de cette notice (pl. VI, n°. 1). La nouvelle monture a été faite par MM. *Delafontaine*.

(2) Millin, *Monum. inéd.*, tom. I, pag. 69, pl. X.

Auprès, un buste de *Cybèle*, en bronze, du plus beau travail et d'une conservation parfaite, trouvé à Tourse, village à quatre lieues d'Abbeville en Picardie, vers 1750 (1).

Devant, une coupe composée de pièces de rapport en verre, montées en or. La pièce du milieu représente un Roi parthe, gravé en relief sur crystal. La monture est des premiers tems de la monarchie française.

Cette coupe était dans le trésor de St.-Denis (2), ainsi que la *gondole de jade* qui est auprès. Cette gondole fut donnée au trésor de St.-Denis en 1144, par Suger, qui la racheta 60 marcs d'argent, de ceux à qui le roi Louis VI l'avait engagée pour les besoins de l'état, dix ans auparavant. La monture a été détruite à l'époque du vol. (*Voyez* ci-dessus p. 40.)

A gauche, un buste de Valentinien III, qui passait pour un St.-Louis, et qui ornait le bâton du grand chantre de la Sainte-Chapelle (3).

Derrière, un disque d'argent trouvé dans

---

(1) Caylus, tom. V, pag. 312, pl. CXI.

(2) D. Felib., pag. 545, pl. IV.

(3) Voyez l'*Histoire de la Sainte-Chapelle* par Morand.

le Dauphiné en 1714, et improprement nommé *bouclier d'Annibal*.

Sur le devant, la poignée et plusieurs fragmens de l'épée de Childéric, que l'on a réunis et montés à l'époque où son tombeau a été découvert (1). Une boule de crystal trouvée dans le même tombeau.

Dans le coin à gauche, un vase d'argent du quinzième siècle. Le dessus représente divers sujets, tels que la mort de Lucrèce, Pyrame et Thisbé, Judith et Holopherne, Pâris et Hélène, Mutius Scævola. Autour, des chasses, des tournois, etc.

Dans le bas de l'armoire, sont plusieurs dyptiques, des couvertures d'évangéliaires, et différents vases.

Au milieu, un vase d'un seul morceau

---

(1) Voyez, sur le grand bureau, les autres objets trouvés dans ce tombeau, à Tournai, en 1653. Le P. Chifflet en a donné la description. (Voyez les *Mémoires de l'Académie des Belles-Lettres*, tom. II, pag. 637; et les *Monumens de la Monarchie française*, par Montfaucon, tom. I, pag. 10, pl. IV et V.)

d'ivoire, sculpté avec beaucoup de délicatesse, et représentant un combat entre les Turcs et les Polonais. On croit que la figure du milieu est celle de Jean Sobieski. Ce vase a été donné à Louis XV par le maréchal de Lowendal.

A droite, est le cœur d'or dans lequel était renfermé le cœur d'Anne de Bretagne, femme de Charles VIII et de Louis XII. Son cœur fut porté à Nantes, et déposé dans un caveau de l'église des Carmes, où étaient enterrés son père et sa mère (1). Ce cœur d'or est surmonté d'une couronne et entouré d'une cordelière de même métal. Cette cordelière était une ceinture instituée par la reine pour honorer les dames vertueuses. Les vers qui sont écrits sur la couronne et sur le cœur sont rapportés dans les *Mémoires de Bretagne* (2).

---

(1) *Histoire de Bretagne*, par D. Lobineau tom. I, page. 837.

(2) *Ibid.* vol. II, colonne 1581.

A gauche, un monument persépolitain, couvert de caractères en forme de clous, apporté de Bagdad par M. *Michaux* (1).

Sur le devant, plusieurs pièces d'un jeu d'échecs en ivoire, qui étaient autrefois dans le trésor de St.-Denis. On dit que ce jeu d'échecs a été donné à Charlemagne par le calife Aaron-al-Raschild (2).

Dans le haut de l'armoire est un manuscrit ægyptien sur *papyrus*, trouvé dans la main d'une momie. Il est gravé dans le bel ouvrage de la commission d'Ægypte.

Sur l'armoire, une statue de Jupiter. A gauche, une figure de jeune homme. A droite, un buste de Jupiter: le tout en marbre. Quatre vases grecs.

---

(1) Millin, *Monum. inéd.*, tom. I, pag. 58, pl. VIII et IX.

(2) Caylus a donné la figure d'une de ces pièces qu'il possédait, sans en avoir deviné l'usage. *Recueil d'antiq.*, tom. VI, pag 323, pl. CIII.

Sur le huitième médailler : au milieu, une belle tête de Tibère, en bronze (1), trouvée, en 1759, à Mahon, dans l'île de Minorque, appelée autrefois *Balearis minor.* Mahon se nommait anciennement *Mago*, et son port *Portus Magonius* (*Voyez* pl. VII, n°. 1, du Recueil de cette notice).

A droite, une Isis assise, tenant entre ses genoux Horus, en basalte. Un vase grec, une Isis en pierre verte. Un buste en marbre (2), d'un très-beau travail.

A gauche, une Isis en basalte, un vase grec, une Isis, une tête romaine en marbre.

Deux candélabres antiques en bronze, l'un trouvé à Herculanum (3), l'autre plus grand, trouvé à Rome (4).

Sous la console : plusieurs monumens ægyptiens. Au milieu, un bas-relief. A

(1) Caylus, tom. VII, pag. 230, pl. LXV.

(2) *Id.*, tom. I, p. 126, pl. XLVII.

(3) *Id.*, tom. III, pl. XXVII.

(4) *Id.*, tom. V, pag. 260, pl. XCIV.

droite, un prêtre assis, en granit (1). (*Voyez* pl. VII, n°. 2, du Recueil de cette notice). Un beau torse fragmenté, en basalte. (2). Il a été trouvé à Semenhoud, ville de la Basse-Ægypte, sur la branche du Nil qui se rend à Damiette : il soutenait la base de la porte de la chaumière d'un paysan. Le général Vial, qui commandait à Massourah, le fit enlever. A gauche, un Canope, une Momie d'enfant ; un autel ægyptien en basalte (3). (*Voyez* la pl. VIII, n°. 1, du Recueil de cette notice).

SUR LE GRAND BUREAU AU MILIEU DE LA SALLE.

Des *montres* renfermant divers objets curieux.

---

(1) Caylus, tom. III, pag. 36, pl. VIII.

(2) Millin, *Monum. inéd.*, tom. I, pag. 383, pl. XXXIX.

(3) Caylus, tom. I, pag. 57, pl. XX.

Dans la première, du côté de la porte, des As romains, en bronze, premières monnaies de Rome.

Dans la deuxième, divers ustenciles des Romains, aiguilles, dés, stylets, cuillers, miroirs, coins à frapper les monnaies, etc.

3e., 4e. et 5e. *montres* : objets trouvés dans le tombeau de Childéric, à Tournay, en 1653 (1).

6e. *Montre*. Au milieu, un sceau d'or de Louis XII (2). Deux bracelets trouvés à Herculanum, sur le squelette d'une femme; une bulle d'or trouvée à Aix en 1787; des chaînes, des anneaux, une fibule, plusieurs petites amulettes en or, et des médailles d'or entourées de montures en filigrane.

Une peinture antique en or, sur verre, avec cette inscription : SAPPO. FLACCILLÆ (3).

7e *Montre*. Objets trouvés dans la terre,

---

(1) Voyez ci-dessus, pag. 43.

(2) Millin. Mag. encyclop. juillet 1818.

(3) Caylus, tom. III, p. 195, pl. LIII.

à Naix, près de Commercy, en 1809. Ce sont des colliers, des chaînes, des bagues, et autres ornemens.

Au bout du bureau, des fragmens de Momies d'Ægypte, une jambe d'enfant et une main de femme. Deux Ibis, oiseaux adorés des Ægyptiens, conservés en momie, et développés en janvier 1810.

Une petite figure en bois de sycomore, peinte et dorée, imitant un cercueil de momie; deux éperviers en bois, peints et dorés.

8e *Montre*. Médailles de divers règnes des Empereurs romains. (*Voyez* la pl. XII, du Recueil de cette notice.)

9e et 10e. Médailles de diverses contrées de la Grande Grèce et de l'Asie Mineure. On varie de tems en tems les objets exposés dans ces montres (1).

---

(1) Les personnes qui voudraient prendre une idée générale de la Numismatique, et avoir un recueil de gravures de médailles du plus beau style et des plus beaux tems de l'art, peuvent se procurer *la Numismatique du Voyage d'Anarcharsis*, précédée d'un *Essai sur la science des Médailles, par* M. DUMERSAN; 2 vol. in-8°, avec 90 planches; prix: 36 fr.

Montres 11e, 12e, 13e et 14e. Médailles modernes.

Au bout du bureau, une vache antique en bronze, trouvée à Pompéia (1). (*Voyez* p. VIII, n° 2 du recueil de cette notice.) Deux Sphinx ægyptiens, l'un en bronze, l'autre en pierre.

Au milieu du bureau : le buste en marbre de *Marcus Modius Asiaticus*, médecin, chef de la secte méthodique, ainsi que nous l'apprend l'inscription grecque gravée sur le buste et sur son socle. Ce buste, du plus beau travail et d'un grand caractère, avait été envoyé de Smyrne à M. de Pontchartrain, ministre de la marine; il fut acheté à la mort de ce ministre, par M. le duc de Valentinois, qui le donna, par son testament, au cabinet du Roi (2). (*Voyez* la pl. IX du recueil

---

(1) Caylus, Recueil d'Antiq., tom. II, p. 119, pl. XL.

(2) *Id.*, tom. VI, p. 142, pl. XLII. et Visconti, Inconographie grecque, tom. I, pag. 284, pl. XXXII.

de cette notice.) A droite de ce buste, une urne d'albâtre; une tête d'enfant d'un très-beau travail, représentant peut-être *Néron* jeune. (Pl. X, n°. 1), et un vase d'albâtre.

A gauche, une urne cinéraire, un buste d'Atys d'une grande beauté (1). (Pl. XI du Recueil de cette notice). Un vase de marbre d'une forme élégante (2).

L'origine de ce cabinet remonte à Henri IV Le sieur de *Bagarris*, gentilhomme provençal, fut choisi par ce prince pour former sa collection. Louis XIV l'enrichit considérablement; il la fit porter au Louvre. L'abbé *Bruneau*, qui avait succédé à *Bagarris* et à Jean *Chaumont*, ayant été assassiné, on pensa à mettre ce cabinet plus en sûreté, et on le plaça près de la Bibliothèque.

---

(1) Caylus, tom. III, p. 121, pl. XXXI.

(2) *Id.*, tom. I, p. 266, pl. XCVIII.

Bientôt de savans voyageurs, chargés d'acheter tout ce qu'ils trouveraient de curieux, l'augmentèrent considérablement. Ce sont MM. *de Monceaux*, *Petis de la Croix*, *Nointel* et *Paul Lucas* : il ne faut pas oublier *Vaillant*, voyageur infatigable, et savant distingué. Ils rapportèrent tous des trésors qui augmentèrent celui du Roi.

On y fit réunir, en 1775, la collection formée par M. *Pellerin*, qui montait à plus de trente mille médailles, et qui était une des plus belles que l'on connût. Le cabinet de M. *de Caylus*, qui renfermait un nombre considérable de monumens et d'antiquités en marbre et en bronze, a beaucoup contribué à augmenter ce cabinet, ainsi que celui de M. *Foucaut*, et celui de *Sainte-Geneviève* qui y fut joint en 1796.

On fait encore, chaque jour, l'acquisition des objets intéressans qui se présentent, et qui peuvent contribuer à enrichir ce cabinet.

Parmi les noms des gardes du Cabinet des antiques et médailles, on doit distinguer ceux de M. *de Boze*, et du célèbre *Barthélmy*, auteur du *Voyage d'Anacharsis* et celui de M. *Millin*, que les lettres viennent de perdre, et qui a consacré vingt années de sa vie à l'illustration de ce riche dépôt, soit par la publication des monumens qu'il renferme, soit par ses cours publics sur la science des antiquités.

DÉPARTEMENT DES LIVRES IMPRIMÉS.

En sortant du Cabinet des Médailles, on voit, à droite, une belle cuve de porphyre qui était jadis dans l'église de St.-Denis, et dans laquelle on dit que Clovis reçut le baptême des mains de St.-Rémy.

A gauche, au milieu de la galerie, est un ouvrage en bronze, imaginé par *Titon du Tillet* : c'est ce qu'on appelle le *Parnasse français*. On y trouve les figures de *Corneille*, *Molière*, *Lafontaine*, *Boileau*, *Crébillon*, *J. B. Rousseau*, *Voltaire*, etc., disposées sur un rocher escarpé, du haut duquel s'élance *Pégase*.

Les portraits de nos grands hommes étant

familiers à tout le monde, on les reconnaîtra facilement à leurs traits et aux attributs qui les accompagnent. L'Apollon est figuré sous les traits de Louis XIV, et les trois Grâces sous ceux de mesdames *de la Suze*, *Deshoulière* et *de Scudéri* (1).

Dans la même galerie sont placés les bustes en marbre de Jérôme *Bignon*, bibliothécaire, né en 1590, mort en 1656, et de Jean-Paul *Bignon*, abbé de Saint-Quentin, aussi bibliothécaire, né en 1662, mort en 1743.

Au bout de cette galerie est placé le modèle des Pyramides d'Ægypte, fait par M. le colonel *Grobert.*

Dans un salon à gauche, se trouvent les deux beaux globes de *Coronelli*, frère mineur, né à Venise, et mort en 1718. A droite est le globe céleste, à gauche le terrestre. Il étaient jadis à Marly, et furent placés à la Bibliothèque en 1731.

Pour qu'on pût les voir plus commodément, on arrangea deux salles l'une au des-

(1) Description du Parnasse Français. Paris, 1760, in-fol.

sus de l'autre, et le plancher fut percé en deux endroits où l'on circule autour d'une balustrade en fer.

Les globes ont trois mètres quatre-vingt-sept centimètres, ou onze pieds onze pouces six lignes de diamètre, ce qui fait 11 mètres ou 34 pieds 6 pouces de circonférence. Les grands cercles de bronze qui en sont les horizons et les méridiens, sont l'ouvrage de *Butterfield :* ils sont posés chacun sur un pied en bronze orné d'une boussole. On voit sur ces globes plusieurs inscriptions à la louange de Louis XIV, qui apprennent qu'ils ont été dédiés à ce prince, par *César*, cardinal d'Estrées, en 1683. Le portrait du monarque s'y trouve peint, ainsi que celui du savant *Coronelli*, autour duquel on lit cette inscription italienne :

Fr. Vencenzo Coronelli M. C. suddito cosmografo et lettore publico. F. V. Coronelli cosmog. publ. atlante Veneto.

Au fond de la dernière salle des livres imprimés, on voit sur une table et renfermée sous verre, une Machine Uranographique, où toutes les planètes, avec leurs satellites, sont mis en mouvement à volonté, au moyen d'un mécanisme ingénieux et simple, dont l'inventeur est M. Charles *Rouy*.

Plus loin, une statue de *Voltaire* en plâtre bronzé, moulée sur la statue en marbre exécutée par M. *Houdon*.

Les livres sont partagés en cinq classes, la *Théologie*, la *Jurisprudence*, *l'Histoire*, la *Philosophie* et les *Belles-Lettres*. Ces cinq classes sont soumises à des subdivisions. L'ordre est conservé pour les classes, au moyen de lettres, et, pour les volumes, par des chiffres et des sous-chiffres qui se rapportent à des catalogues. Il en existe vingt-quatre volumes manuscrits, cinq imprimés, et des supplémens considérables. Ils sont rangés les uns par ordre alphabétique, et les autres par ordre de matière.

On communique les livres aux personnes qui les désirent et qui peuvent lire ou travailler sur des bureaux placés dans les galeries.

Tous les livres sont estampillés en dedans, à la première ou deuxième feuille, afin de les reconnaître, si par hasard, ou par malveillance, il s'en égarait quelqu'un.

Le premier de nos rois qui eut une bibliothèque, fut Charles V. Elle était placée au Louvre, dans la tour de la librairie, gardée par *Gilles Mallet*, et n'était composée que de neuf cent dix volumes manuscrits. Elle fut dissipée sous le règne de Charles VI, et celui de Charles VII fut trop orageux pour que ce prince songeât à la rétablir. Sous François Ier, elle n'était encore que de deux mille volumes, mais alors l'imprimerie venait d'être inventée. Ce roi, qui aimait les sciences et les arts, l'augmenta beaucoup, et la fit placer dans le château de Fontainebleau. Catherine de Médicis l'enrichit considérablement de médailles et de manuscrits qu'elle apporta de Florence. Les troubles de la Ligue vinrent encore détruire cette collection, et les restes en furent déposés dans une maison de la rue de la Harpe, puis dans l'enceinte du couvent des grands Cordeliers.

En 1666, Colbert la fit transporter près de son hôtel, dans la rue Vivienne, afin de la rapprocher du Louvre, où Louis XIV voulait la placer magnifiquement.

Pierre et Jacques *Dupuy*, qui avaient eu successivement la garde de cet établissement, l'avaient augmenté par le legs de leurs livres. *Gaston* de France, duc d'Orléans, pria le Roi, par son testament, d'accepter sa bibliothèque et les diverses curiosités qu'il avait rassemblées. *Hyppolite*, comte de Béthune, lui donna aussi, par son testament, quinze cents volumes in-folio manuscrits, intéressans surtout pour l'histoire.

La bibliothèque prit alors un plus haut degré d'accroissement. Louis XIV envoya dans tous les pays du monde, avec des dépenses extraordinaires, des savans et des personnes intelligentes, pour faire la recherche et l'acquisition de livres, d'estampes et de médailles.

On acheta les cabinets et les bibliothèques d'Auguste *de Loménie*, comte de Brienne; de Fr. Roger *de Gaignères*, de Charles *d'Ozier*, fameux généalogiste; les manuscrits d'Etienne *Baluze*; enfin ceux de *Colbert*, qui possédait la collection la plus considérable de l'Europe.

Le legs qu'avait fait le savant HUET, évêque d'Avranches, de sa bibliothèque à la maison des Jésuites, étant devenu nul par la destruction de cet ordre, cette bibliothèque fut rendue juridiquement à l'héritier de ce savant prélat, M. de Charsigné, abbé de Fontenay, qui en fit hommage au Roi. Ces huit mille deux cent soixante-onze volumes, presque tous avec des notes de la main de Huet, furent réunis à la Bibliothèque royale. Quelques tems avant elle s'était encore enrichie de près de douze mille volumes de la bibliothèque de *Falconet*.

En quelques années, la Bibliothèque du Roi posséda environ trente-trois mille manuscrits et cent mille volumes imprimés.

Elle n'était pas alors à la moitié de sa

splendeur. La destruction des couvens et des maisons religieuses a beaucoup contribué à sa richesse.

On comptait dans Paris plus de trente bibliothèques, dont les principales étaient celles des *Jacobins*, des *Feuillans* et des *Capucins* de la rue Saint-Honoré ; celles de la *Sorbonne*, de l'abbaye *Saint-Victor*, de *Saint-Germain-des-Prés*, des *Blancs-Manteaux*, etc. Les unes possédaient dix à douze mille volumes, les autres vingt à vingt-cinq mille. C'est dans ce fonds que la bibliothèque a puisé tout ce qu'il y avait de plus rare et de plus utile.

L'immense quantité de livres qui a été composée depuis le règne de Louis XIV, et qui ne cesse de s'accroître en Europe depuis vingt ans, et en France depuis la liberté de la presse, n'a pas peu contribué à l'augmenter. Enfin ce vaste dépôt des connaissances humaines va porter aux siècles les plus reculés, le fruit des savantes veilles et des utiles travaux, en même tems que les productions légères qu'un jour avait vu naître et mourir. On y compte maintenant plus de trois cent mille volumes.

L'entrée de la Bibliothèque est dans la rue de Richelieu. On monte aux galeries par un fort bel escalier, dont la rampe en fer est un ouvrage remarquable de serrurerie. Le plafond de cet escalier était autrefois orné de peintures d'un Italien nommé *Pelegrini*, qui les avait faites du tems du cardinal Mazarin. On a été obligé de raccommoder ce plafond qui tombait de vétusté, et les peintures ont péri.

On entre de cet escalier dans une grande galerie séparée en trois parties, et formant deux retours d'équerre. Elle a environ deux cent vingt-cinq mètres ou cent quinze toises de longueur, et est éclairée par quarante-six croisées donnant sur la cour. Sur les murs, sont distribués, dans toute la hauteur, des corps d'armoire d'une menuiserie sculptée. Cette hauteur est divisée par un balcon en saillie qui règne tout autour de la bibliothèque, et qui sert à atteindre les livres dans la plus grande élévation : on y monte par de petits escaliers pratiqués derrière la boiserie.

La Bibliothèque est ouverte aux curieux, les *mardis* et *vendredis*, depuis dix heures jusqu'à deux. Ses vacances commencent le premier septembre, et finissent le 15 octobre.

DÉPARTEMENT DES MANUSCRITS.

Après avoir descendu le grand escalier, il faut prendre un petit escalier à droite qui conduit au département des estampes et à celui des manuscrits.

Le département des manuscrits occupe six pièces, au nombre desquelles est la galerie Mazarine, longue de quarante-quatre mètres ou vingt-trois toises deux pieds sur trois toises quatre pieds de large. Elle faisait anciennement partie de l'appartement du cardinal Mazarin. Elle est éclairée par huit croisées ornées de paysages peints par *Grimaldi Bolognèse*. En face des croisées sont des niches ornées de peintures du même. Elles sont maintenant cachées par des tablettes remplies de manuscrits. Le plafond de cette galerie est très-beau : il a été peint par *Romanelli*, en 1651. Il représente divers sujets de la Fable, entremêlés de camaïeux, de médaillons et d'ornemens parfaitement exécutés. Les peintures des autres salles sont, dit-on, de plusieurs élèves de *Romanelli*. La plupart des manuscrits renfermés dans ce riche dépôt sont de la plus grande rareté.

Il y a, dans des montres sous verre, des manuscrits de différens genres exposés aux regards des curieux.

Ce cabinet renferme environ quatre-vingt mille manuscrits grecs, latins, français, dans les langues orientales, et dans celles de toutes sortes de peuples.

CABINET DES ESTAMPES,

Dans l'escalier des Manuscrits, à l'entresol.

La première pièce offre un choix d'estampes encadrées, précieuses par leur beauté et leur rareté. Elles donnent une idée des plus belles pièces dans chaque genre (1).

Les armoires de cette pièce, ainsi que celles de la galerie à côté, renferment environ quatre mille volumes, contenant près de deux millions d'estampes de costumes, de paysages, de portraits des meilleurs maîtres; des suites historiques, mythologiques, etc., et des œuvres complètes de *Raphaël, Michel-Ange, Poussin, Le Brun, Le Sueur, Edelinck, Nanteuil, Schmidt, Audran, Jules Romain, Mariette, Moreau*, et des meilleurs graveurs. Ce cabinet réunit aussi des estampes qui, sans être belles, ont le mérite de la rareté.

---

(1) On peut s'en procurer la Notice au Cabinet des Estampes, ce qui fait que nous n'entrerons ici dans aucun détail.

Cette collection est précieuse, non-seulement pour les artistes et les amateurs, mais même pour tous les curieux qui peuvent demander, pour les voir, des recueils de costumes, de paysages, de fleurs, ou des collections telles que la galerie de Florence, celle du Palais-Royal, celle du Musée français, et d'autres.

FIN.

CATALOGUE

D'UN

CHOIX D'EMPREINTES

DE PIERRES GRAVÉES

DU CABINET DU ROI (1).

MYTHOLOGIE.

1. Saturne tenant sa faulx. — Agathe barrée. intaille. 10 s.
2. Sacrifice à Saturne. — Jaspe. intaille. 10 s.
3. Cybèle sur un lion. — Onyx-nicolo. int. 10 s.
4. Jupiter Ægiochus, buste. — Sardonyx. camée. 3 f.
5. Jupiter, tête laurée. — Sardoine. int. 10 s.
6. Jupiter Olivarius. tête — Cornaline. int. 10 s.
7. Jupiter Dodonéen. tête. — Onyx-nicolo. int. 10 s.
8. Jupiter roi, l'Aigle à ses pieds. — Sardonyx. Camée. 3 fr.

---

(1) Le prix de cette collection complette est de 200 fr. On peut choisir particulièrement les objets que l'on desire, et se les procurer au prix indiqué à chaque n°. On peut faire arranger sa collection, ou le choix que l'on aura fait, dans une jolie boëte à tiroirs, moyennant 10 fr. de plus.

S'adresser à M. DUMERSAN, *rue Neuve des Petits-Champs n°. 12, à Paris.*

9. Jupiter, Mercure, Mars et Neptune; autour les signes du Zodiaque. — Cornal. int. 1 fr.
10. Junon, tête. — Cornal. int. 10 s.
11. Europe enlevée par Jupiter. — Sardonyx. Cam. 1 fr.
12. Ganymède et l'Aigle de Jupiter. — Cornal. int. 10 s.
13. L'Aigle de Jupiter. — Jaspe rouge. int. 10 s.
14. Apollon, tête laurée. — Améthyste. int. 10 s.
15. Apollon tenant sa lyre. — Sardonyx. Cam. 1 fr. 10 s.
16. Apollon et Marsyas. — Cornal. int. 10 s.
17. Génie de la poésie et un Griffon. — Améthyste int. 10 s.
18. Griffon mordu par un serpent. ΜΙΔΙΟΥ — Sardonyx. Cam. 1 fr. 10 s.
19. Apollon et une Muse, près d'un terme de Pan. — Cornal. intail. 10 s.
20. Muse. — Améthyste. int. 10 s.
21. Histrion. — Sardonyx. Cam. 1 fr.
22. Masque de vieillard. — Sardonyx. Cam. 10 s.
23. Masque de jeune homme. — Sardonyx. Cam. 10 s.
24. Esculape. — Cornaline. int. 10 s.
25. Hygiée. — Cornal. int. 10 s.
26. Diane, buste. — Cornal. int. 10 s.
27. Diane d'Éphèse. — Onyx nicolo. int. 10 s.
28. Minerve, buste. — Cornal. int. 10 s.
29. Minerve salutifère, buste. — Sardonyx. Cam. 1 fr.
30. Minerve et Neptune se disputant l'honneur de nommer la ville de Cécrops. — Sardon. Cam. 5 fr.
31. Minerve dans un char. — Sardon. Cam. 2 fr.
32. Mercure, tête. — Cornal. int. 10 s.
33. Mercure évoquant une ombre. — Sardoine. barrée. int. 10 s.
34. Mercure, ancien style. — Cornal. int. 10 s.

35. Mercure près d'une colonne. — Prase. int. 10 s.
36. Mercure assis sur un rocher. — Cornal. int. 10 s.
37. Mars, buste. · Cornal. int. 10 s.
38. Mars sur un autel, devant lui un empereur sacrifiant. MAR. VIC. — Sardon. int. 10 s.
39. Mars tenant la haste et le bouclier. — Cornal. int. 10 s.
40. Victoire tenant une couronne et une palme. — Cornal. int. 10 s.
41. Victoire écrivant sur un bouclier. — Cornaline. int. 10 s.
42. Victoire navale. — Cornal. int 10 s.
43. Victoire dans un char. — Cornal. int. 10 s.
44. Combat de cavalerie. — Sardoine. int. 10 s.
45. Vainqueur dans un char à 20 chevaux. — Calcédoine. int. 10 s.
46. Ovation. — Cornal. int. 10 s.
47. Mars, Vénus et un amour. — Prase. int. 10 s.
48. Vénus, tête. — Agathe. int. 10 s.
49. Vénus et l'Amour. — Cornal. int. 10 s.
50. Vénus sur un taureau marin, entourée d'amours. ΓΛΥΚΩΝ — Sardonyx. Camée. 3 fr.
51. Vénus sur un cheval marin. — Sardon. Cam. 2 fr.
52. Vénus au bain avec l'Amour. — Sardonyx. Cam. 3 fr.
53. Vénus et Pan. ΠΑΝΑΙΟΥ ΑΦΡΟΔΙΤΗ — Sardon. int. 10 s.
54. Vulcain forgeant des armes. — Cornal. int. 10 s.
55. *Idem* devant Vénus. — Jaspe rouge. int. 10 s.
56. L'Amour — Cornal. int. 10 s.
57. L'Amour sur un lion. — Améthyste. int. 10 s.
58. — Sur un cheval marin. — Crystal. int. 10 s.
59. — Sur une écrevisse. — Jaspe rouge. int. 10 s.

60. — L'Amour jouant avec un cygne. — Sardon. Cam. 1 fr.
61. — Découvrant une amphore. — Sardon. Cam. 1 fr.
62. — Contemplant une tête de mort. — Sardon. 1 fr.
63. Deux Amours luttant. — Jaspe rouge. int. 10 s.
64. — Elevant un trophée. — Cornal. int. 10 s.
65. Deux Amours et un Centaure jouant de la syrinx et de la double flûte. — Sardon. Cam. 3 fr.
66. Psyché. — Agathe. int. 10 s.
67. Psyché tenant un papillon. — Sardon. Cam 1 fr.
68. Neptune. — Crystal. int. 10 s.
69. Thétis portant le bouclier d'Achille. — Aigue marine int. 10 s.
70 Cérès ou l'Abondance. — Améthyste. int. 1 fr.
71. Cérès portant des épis. — Sardon. Cam. 1 fr.
72. Bacchus indien, tête. — Cornal. int. 10 s.
73. Bacchus indien debout près d'un autel. — Topase. int. 10 s.
74. Bacchus entre deux faunes. — Sardoine, int. 10 s.
75. Bacchus et Cérès dans un char. — Sard. int. 10 s.
76. Bacchus ou Iacchus enfant confié aux nymphes. — Sardon. Cam. 2 fr.
77. Noces de Bacchus et d'Ariane. — Sardonyx. Camée. 4 fr.
78. Bacchus et une panthère. — Sardon. Cam. 1 fr.
79. Silène, tête. — Sardon. Cam. 10 s.
80 Triomphe de Silène. — Jaspe sang. int. 10 s.
81. Silène et un faune sacrifiant. — Cornal. int. 10 s.
82. Silène sur bouc. — Sardon. Cam. 1 fr.
83. Silène, Vénus et trois amours — Sardon. Cam. 3 f.
84. Pan, tête. — Cornal. int. 10 s.
85. Pan devant un autel, autour les signes du Zodiaque. — Sardon. int. 10 s.

86. Deux Génies bachiques. — Sardon. Cam. 1 fr.
87. Faune assis devant un autel.—Cornal. int. 10 s.
88. Faune et Faunesse.—Cornaline. int. 10 s.
89. Faune blessé d'une flèche.—Cornal. int. 10 s.
90. Faune bacchant, agitant son thyrse. — Sardonyx. int. 10 s.
91. Bacchante et Faune devant Priape. — Cornal. int. 10 s.
92. Taureau Dionysiaque. ΥΛΛΟΥ—Chalcéd. int. 10 s.
93. Deux boucs combattant.—Jaspe rouge. int. 10s.
94. Cachet de Michel-Ange, représentant des vendanges. (*Voy.* notice, p. 34)—Cornal. int. 10 s.
95. L'Espérance.—Prase int. 10 s.
96. Bonus éventus.—Onyx Nicolo. int. 10 s.
97. Le dieu Mois.—Agathe. int. 10s.
98. Lunus.—Hémathite. int. 10 s.
99. Némesis, au revers de deux scarabées.— Cornal. int. 10 s.
100. Une Parque.—Cornal. int. 10 s.

HISTOIRE HÉROIQUE.

101. Méduse, tête de face; autour, les signes du Zodiaque.—Jaspe sanguin. int. 10 s.
102. Méduse, tête de profil.—Améthyste. int. 10 s.
103. Méduse, *idem*.—Sardonyx. cam. 1 f.
104. Hercule, tête jeune et laurée.—Cornal. int. 10s.
105. ——Tête barbue et laurée.—Cornal. int. 10s.
106. ——Tête couverte de la peau de lion.—Cornal. int. 10 s.
107. Hercule, enfant, étouffant les serpens. —Cornal. int. 10 s.

108. Hercule tenant ses armes.—Cornal. int. 10 s.

109. ——tenant les pommes des Hespérides.—Jaspe. int. 10 s.

110. Hercule emportant le trépied d'Apollon qui le poursuit. Scarabée fragmenté. — Cornal. int. 10 s.

111. Hercule assomant Diomède.—Cornal. int. 10 s.

112. —— tuant les oiseaux de Stymphale.—Cornal. int. 10 s.

113. Hercule enchaînant Cerbère.—Jasp. verd. int. 10 s.

114. Hercule brûlant les têtes de l'Hydre.—Cornal. int. 10 s.

115. Hercule portant le ciel pour soulager Atlas. —Prase. int. 10 s.

116. Hercule vaincu par l'Amour.—Agathe. int. 10 s.

117. —— jouant de la lyre.—Cornal. int. 10 s.

118. —— en repos.—Cornal. int. 10 s.

119. ——, ou la force vaincue par le vice. Allégorie. —Cornal. int. 10 s.

120. La Vertu fuyant le Vice. Allégorie.—Sardonyx. camée. 2 f.

121. Omphale.—Cornal. int. 10 s.

122. Nessus enlevant Déjanire.—Sardonyx. int. 2 f.

123. Prométhée dérobant le feu sacré. — Cornal. int. 10 s.

124. Tydée mourant sous les murs de Thèbes.— Calced. int. 10 s.

125. Œdipe répondant au Sphinx.— Cornal. int. 10 s.

126. Sphinx grec.—Cornal. int. 10 s.

127. Diomède enlevant le Palladium. — Cornal. int. 10 s.

128. Ménélas enlevant le corps de Patrocle. — Onyx-nicolo. int. 10 s.

129. Achille jouant de la lyre. ΠΑΜΦΙΛΟΥ — Améthyste. int. 10 s.

130. Laocoon, tête. ΑΥΛΟΥ — Cornal. int. 10 s.

131. Laocoon et ses enfans. — Cornal. int. 10 s.

132. Ulysse, buste. — Cornaline cam 3 f.

133. Ulysse et Pénélope, têtes réunies. — Cornal. int. 10 s.

134. Médée tuant ses enfans. — Sardon. cam. 2 f.

135. Chevaux de Pélops vainqueurs à la course. — Sardon. cam. 3 f.

136. Hellé traversant l'Hellespont sur un bélier. — Cornal. int. 10 s.

ICONOGRAPHIE GRECQUE.

137. Pergame. — Jaspe. 10 s.

138. Byzas fondateur de Byzance. — Cornal. int. 10 s.

139. Lycurgue ΣΠΑΡΤΗ — Cornal. int. 10 s.

140. Ariston. — Jaspe. rouge int. 10 s.

141. Thémistocle. — Jaspe. v. int. 10 s.

142. Miltiade. — Cornal. int. 10 s.

143. Socrate. — Cornal. int. 10 s.

144. Alexandre-le-Grand. — Sardon. cam. 2 f.

145. Mithridate. — Sard. int. 10 s.

146. Roi Parthe. — Cornal. int. 10 s.

147. Euripide et la Muse de la tragédie. Sardon. Cam. 1 f. 10 s.

148. Attila. — Cornal. int. 10 s.

HISTOIRE ROMAINE.

149. La déesse Rome. — Chalced. int. 10 s.

150. Neria, vestale.—Sardonyx camée 1f.
151. Jugurtha livré à Sylla.—Cornal. int. 10 s.
152. Brutus, tête.—Sardonyx int. 10 s.
153. Caton le censeur.—Cornal. int. 10 s.
154. Triomphe de Pompée.—Cornal. int. 10 s.
155. Les triumvirs, Antoine, Lépide et Auguste.—Jaspe-fleuri. int. 10 s.
156. Jules Cæsar.—Sardon. 10 s.
157. Auguste.—Sardon. camée. 2 f.
158. Auguste.—Cornal. int. 10 s.
159. Auguste et Livie.—Cornal. int. 10 s.
160. Marcellus.—Sardon. cam. 1 f.
161. Agrippa.—Sardon. cam. 1 f.
162. Julie, fille d'Auguste.—Sardon. cam. 2 f.
163. Mécénas. ΔΙΟCΚΟΡΙΔΟΥ—Améth. int. 10 s.
164. Tibère.—Sardon. cam. 2 f.
165. Caligula et ses trois sœurs.—Sardon. cam. 1 f.
166. Claude.—Cornal. int. 10 s.
167. Apothéose de Germanicus.—Sardon. cam. 5 f.
168. Néron.—Cornal. int. 10 s.
169. Néron jouant de la lyre.—Chalcéd. int. 10 s.
170. Sénèque.—Cornal. int. 10 s.
171. Galba.—Sard. int. 10 s.
172. Othon.—Sard. cam. 2 f.
173. Vitellius.—Sard. int. 10 s.
174. Vespasien. Revers : La Judée captive.—Jaspe. int. 1 f.
175. Titus.—Cornal. int. 10 s.
176. Julie, fille de Titus. ΕΥΟΔΟC ΕΠΟΙΕΙ—Aigue-marine. int. 10 s.
177. Domitien.—Cornal. int. 10 s.
178. Trajan.—Sardon. cam. 2 f.

179. Trajan, à cheval, combat un lion.—Cornal. int. 10 s.

180. Hadrien.—Agathe. int. 10 s.

181. Hadrien.—Sardon. cam. 2 f.

182. Antinoüs.—Sardon. int. 10.

183. Antinoüs en Mercure.—Sardon. cam. 2 f.

184. Antinoüs en Bacchus.—Sardon. cam. 2 f.

185. Antinoüs en Harpocrate.—Cornal. cam. 1 f.

186. Antonin Pieux.—Sard. int. 10 s.

187. Faustine mère.—Lapis. int. 10 s.

188. ——— Sardon. cam. 2 f.

189. Marc Aurèle.— Agate onyx. cam. 1 f.

190. ——— Améthyste. int. 10 s.

191. Faustine la jeune.—Cornal. int. 10 s.

192. Marc Aurèle et Lucius Verus.—Sard. cam. 2 f.

193. Commode.—Sard. cam. 1 f.

194. Pertinax.—Saphir. int. 10 s.

195. Pescennius Niger.—Jaspe. int. 10 s.

196. Septime Sévère.—Améth. int. 10 s.

197. Julia Domna.—Prase. int. 10 s.

198. Caracalla.—Sard. cam. 1 f.

199. Géta.—Cornal. int. 10 s.

200. Septime Sévère et ses deux fils. — Sard. cam. 1 f.

201. La famille de Sept. Sevère.—Sard. cam. 2 f.

HISTOIRE DE FRANCE.

202. Louis XII, tête de face.—Sardon. cam. 1 f.

203. François I.er, buste.— Agathe. cam. 1 f.

204. François I.er, jeune, buste. — Chalced. int. 10 s.

205. Henri IV, tête.—Agathe. cam. 1 f.

206. Henri IV, en pied.—Sardon. cam. 1 f.

207. Marie de Médicis.—Sardonyx cam. 1 f.
208. Louis XIII.—Cornal. cam. 1 f.
209. Anne d'Autriche.—Sardonyx cam. 1 f.
210. Le cardinal de Richelieu.—Agathe. cam. 1 f.
211. Le cardinal Mazarin.—Sardonyx cam. 1 f.
212. Louis XIV.—Sardon. cam. 2 f.
213. Louis XV.—Sardon. cam. 2 f.

PORTRAITS DIVERS.

214. Elisabeth d'Angleterre.—Sardon. cam. 1 f. 10 s.
215. Marie Stuart.—Sardon. cam. 1 f.
216. Cromwell.—Jaspe sanguin. cam. 1 f.
217. Christine, reine de Suède.—Sardon. cam. 1 f.

SUJETS DIVERS.

218. Philosophe lisant.—Chalced. int. 10 s.
219. Augure étrusque.—Sard. int. 10 s.
220. Joueur de cerceau.—Chalced. int. 10 s.
221. Sculpteur façonnant un vase.—Corn. int. 10 s.
222. Jeune homme tenant un strigille. ΓΝΑΙΟΥ.
—Onyx-nicolo. int. 10 s.
223. Chasse.—Cornal. int. 10 s.
224. Lion dévorant un cerf.—Cornal. int. 10 s.
225. Vache.—Sardon. cam. 1 f.
226. Taureau. Sardon. cam. 2 f.
227. Tête de lion.—Cornal. int. 10 s.
228. Lion marchant.—Jaspe. int. 10 s.
229. Chimère.—Hyacinthe. int. 10 s.
230. Juba, Roi de Mauritanie. Lapis lazuli. int. 10 s.
231. Roi d'Arménie. Grenat. int. 10 s.
232. Pêcheur tenant un trident. Cornal. int. 10 s.
233. Philosophe écrivant. Cornal. int. 10 s.

SUPPLÉMENT.

Pierres gravées Ægyptiennes.

234 Isis, tête. Sardonyx camée. 1 fr.

235 Isis debout. Sardon. cam. 1 fr.

236 Isis allaitant Apis, Scarabée. int. 10 s.

237 Isis tenant le sistre et un vase. Jaspe. int. 10 s.

238 Canope à tête d'Isis. Cornal. int. 10 s.

239 Harpocrate, tête. Sardon. cam. 1 fr.

240 Anubis. Hématite. int. 10 s.

241 Horus entouré d'animaux. Hématite. int. 10 s.

242 10 pierres portant des symboles de la Religion des Ægyptiens, à 10 s. pièce.

243 50 Scarabées portant des figures étrusques annonçant l'enfance de l'art. à 10 s. pièce.

244. L'empreinte du grand camée, connu sous le nom d'Agathe de la Sainte-Chapelle, ou d'apothéose d'Auguste, contenant 25 figures, se vend non réparée, 50 f.

Réparée et colorée, tout-à-fait semblable à l'original, 200 f.

On peut se procurer l'Apothéose de Germanicus, Cérès et Triptolême, Auguste, Tibère, le beau Taureau du n°. 227, etc., etc., colorés et imitant la pierre originale, moyennant 5 fr. ou 10 fr. de plus pour chaque pièce, selon sa grandeur.

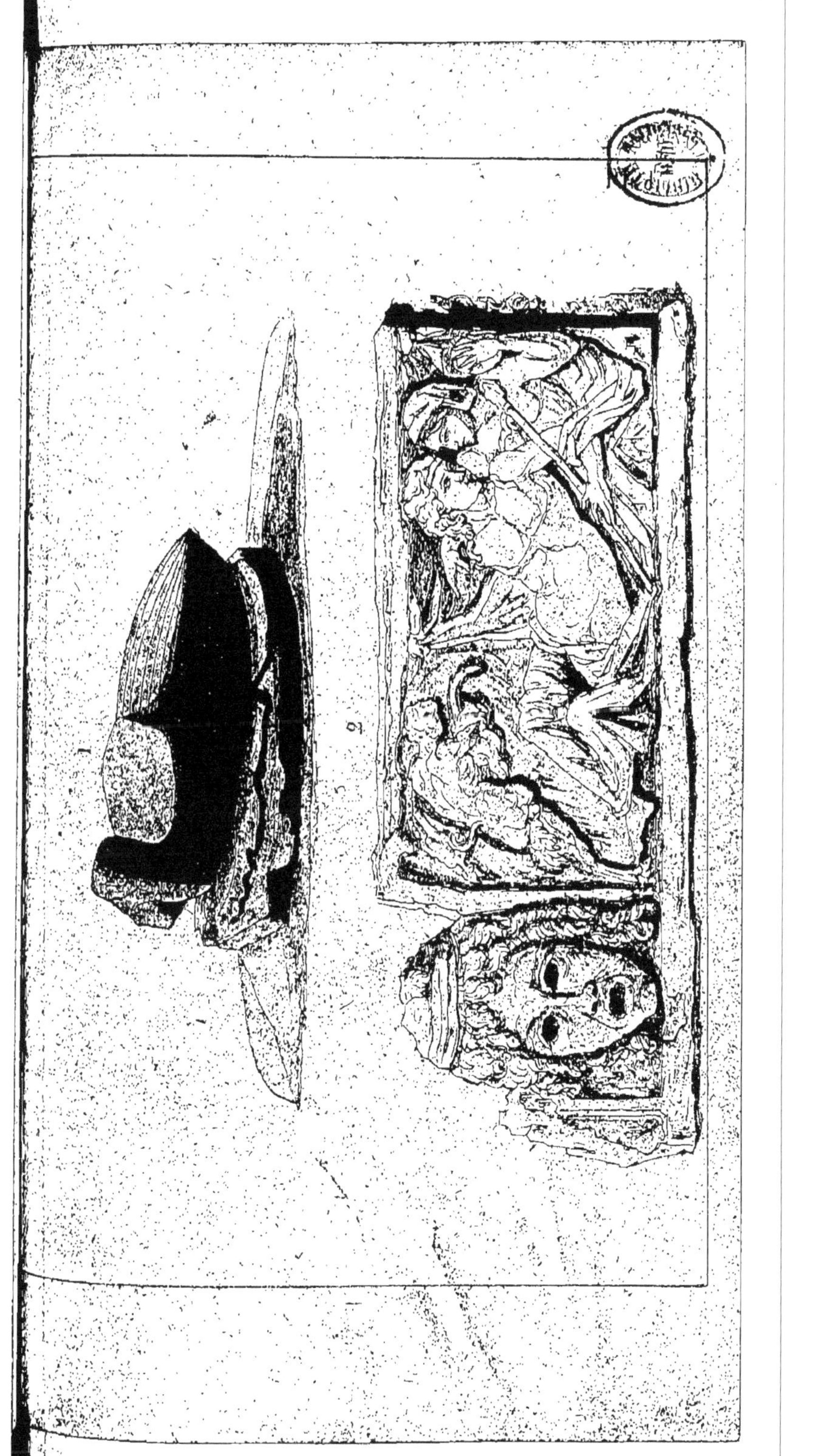

Pl. II.

1.

2.

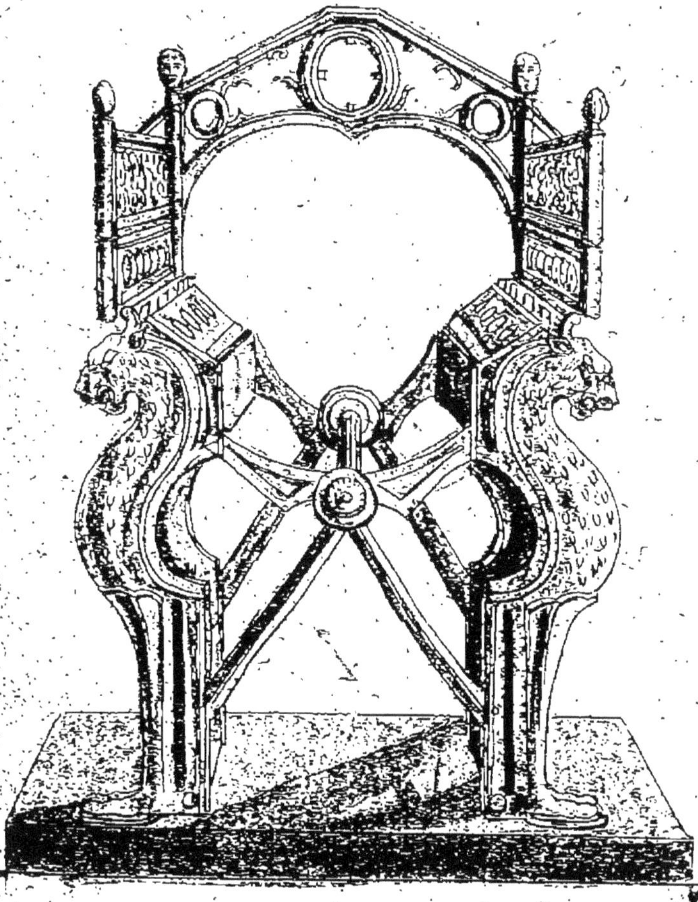

Pl. III.

Lith. de Engelmann.

PL. IV

1

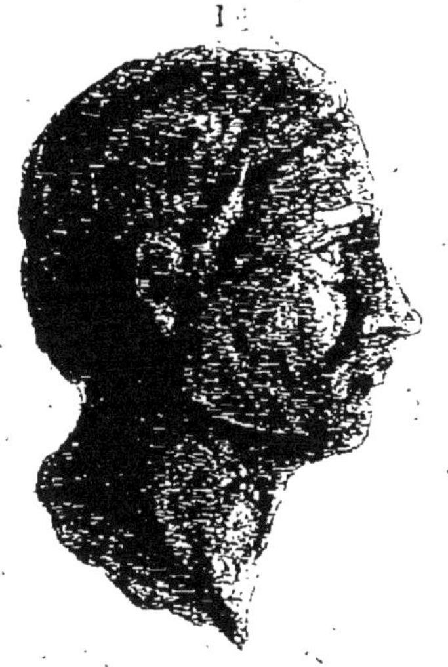

2

Pl. V

PL. VI.

1.

2.

Pl. VII.

Pl. IX.

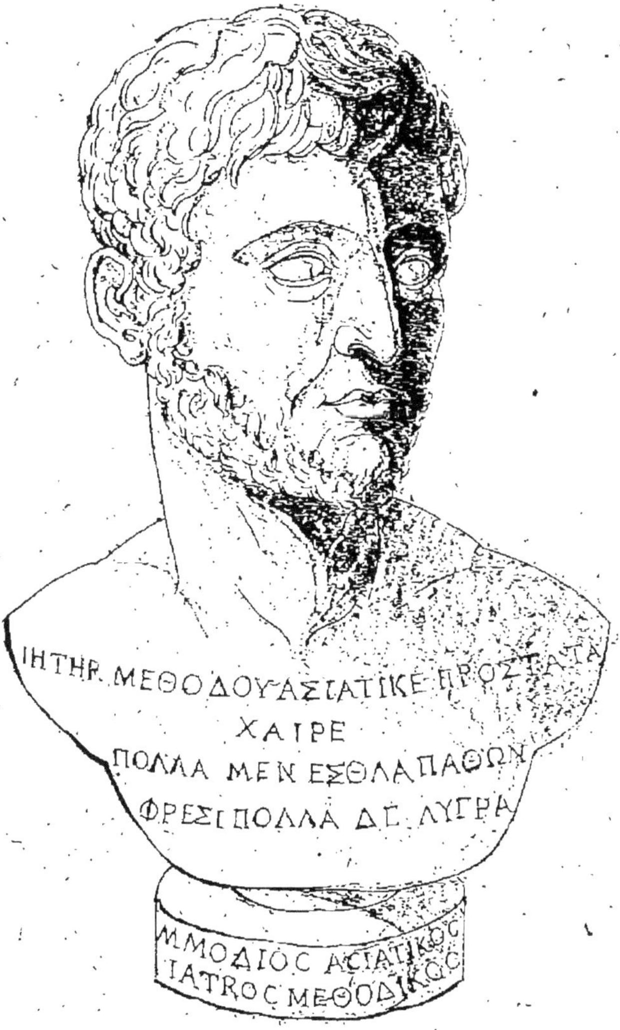

ΙΗΤΗΡ. ΜΕΘΟΔΟΥ ΑΣΙΑΤΙΚΕ ΠΡΟΣΤΑΤΑ

ΧΑΙΡΕ

ΠΟΛΛΑ ΜΕΝ ΕΣΘΛΑ ΠΑΘΩΝ

ΦΡΕΣΙ ΠΟΛΛΑ ΔΕ ΛΥΓΡΑ

ΜΜΟΔΙΟC ΑCΙΑΤΙΚΟC

ΙΑΤΡΟC ΜΕΘΟΔΙΚΟC

Pl. X.

2

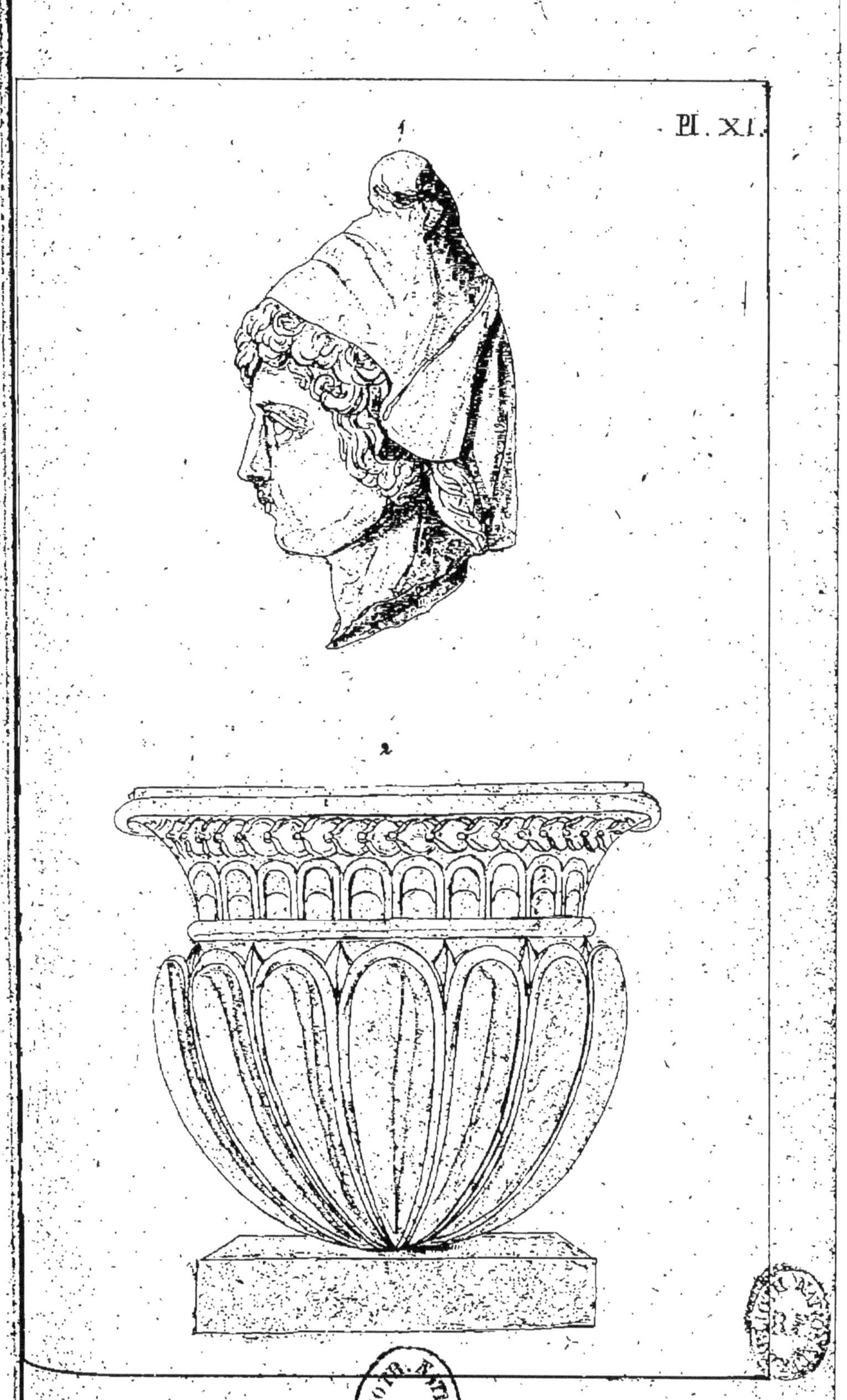

Pl. XI.

M·ANTONI·IMP
CAESAR DI
AV

AVGVSTVS
AV
ARMENIA
CAPTA

www.ingramcontent.com/pod-product-compliance
Ingram Content Group UK Ltd.
Pitfield, Milton Keynes, MK11 3LW, UK
UKHW020327250726
13967UKWH00004B/1896